Der 2 Minuten Start, kleiner Schritt, großes Ergebnis

Von Frank Kralemann

Buchbeschreibung:

Jeder von uns kennt das Gefühl, vor einer Aufgabe oder einem Projekt zu stehen und von der schieren Größe oder der vermeintlichen Schwierigkeit überwältigt zu sein. In solchen Momenten neigen wir dazu, die Handlung aufzuschieben, andere, weniger anstrengende Tätigkeiten vorzuziehen, und so verlieren wir wertvolle Zeit und Energie. Genau hier setzt „Der 2 Minuten Start" an: Es geht nicht darum, eine umfassende, detaillierte Planung oder eine perfektionistische Ausführung anzustreben, sondern um den mutigen Schritt, den Anfang zu wagen – und diesen für gerade einmal zwei Minuten gegen alle Ablenkungen zu verteidigen.

Diese zwei Minuten sind mehr als ein bloßer Zeitabschnitt; sie sind ein Symbol für den Willen, einen Vorsatz in die Tat umzusetzen. Indem wir uns auf den Beginn konzentrieren, schaffen wir es, die Barrieren des Aufschiebens und der Unlust zu überwinden. Wir nutzen die Macht der Gewohnheit, um unsere Ziele Schritt für Schritt zu erreichen. In diesem Buch erfahren Sie, wie Sie Ihren Geist darauf trainieren können, sich in diesen entscheidenden Anfangsmomenten gegen Ablenkungen zu immunisieren, sei es durch ein Mantra, einen akustischen Loop oder andere Techniken, die das Tor zu neuen Gewohnheiten und letztendlich zum Erfolg öffnen.

Über den Autor:

Frank Kralemann ist ein renomierter Autor der schon viele Bücher geschrieben hat. Das letzte Buch war ein Buch für Kinder. Für ihn zählt nur das Ergebnis, nicht was man machen wollte, sondern das Tun. Wie man dort hinkommt, davon handelt auch dieses Buch.

Der 2 Minuten Start, kleiner Schritt, großes Ergebnis

von Frank Kralemann

1. Auflage, 2024

© 2024 Frank Kralemann

Alle Rechte vorbehalten.

Herstellung und Verlag:

BoD - Books on Demand, Norderstedt

ISBN: 9783757887865

Inhaltsverzeichnis

7

Einleitung 7

Warum und wie wir Aufschieben 11

Das Belohnungs- und Lustzentrum: Dopamin, Sucht und Konditionierung 14

Prokrastination: Konditionierung und die Belohnung durch Erleichterung 16

Das Selbst in Teilen: Ein anderer Blick auf Prokrastination 19

Der Fahrplan zum Erfolg, warum Menschen Konzepte brauchen 21

Die Psychologie des Anfangens: Überwindung von Prokrastination und Widerstand 24

Gewohnheiten neu gestalten – Der Schlüssel zu einem neuen Leben 29

Die Magie des 2-Minuten-Starts 32

Die Macht des Sofort 34

Der Anfang ist Alles 36

Die Macht der Konzentration 39

Ihren Persönlichen 2-Minuten-Start Festlegen 41

Erfolgskontrolle und Motivation bei der 2-Minuten-Start-Regel 44

Die Wichtigkeit des Dranbleibens 46

In der Spur bleiben 47

Einleitung

Willkommen zu einer spannenden Reise in das Reich der Selbstmotivation und der persönlichen Entwicklung. In dieser schnelllebigen Zeit, in der wir ständig mit einer Flut von Entscheidungen und Möglichkeiten konfrontiert werden, stoßen wir häufig auf eine verblüffende Herausforderung: das Phänomen des Aufschiebens. Dieses Buch wird Sie nicht nur auf eine tiefgreifende Entdeckungsreise führen, um die wahren Gründe Ihres Aufschiebeverhaltens zu erkunden, sondern es bietet auch praktische Lösungen, um dieses zu überwinden.

Aufschieben ist mehr als nur ein einfacher Mangel an Organisation oder Disziplin. Es ist ein komplexes Zusammenspiel von inneren Widerständen, verborgenen Ängsten und dem konstanten Konflikt zwischen sofortiger Befriedigung und langfristigen Zielen. In diesem Buch werden wir diese verborgenen Mechanismen aufdecken, die unser Handeln unbewusst steuern und uns davon abhalten, unser volles Potenzial auszuschöpfen.

Unser Belohnungssystem spielt eine Schlüsselrolle in diesem Prozess. Es verführt uns ständig mit Alternativen, die angenehmer und bequemer erscheinen als unsere aktuellen Vorhaben. Um diese Muster zu durchbrechen, ist es entscheidend, diese Dynamiken zu verstehen und Strategien zu entwickeln, um unsere Ziele vor diesen Ablenkungen zu schützen.

Das Überwinden des Aufschiebens erfordert mehr als nur Motivation oder ein neues Zeitmanagement-Tool. Es bedarf einer tiefgreifenden Veränderung in unserer Herangehensweise. Dieses Buch bietet Ihnen einen Wegweiser, wie Sie Ihre Vorhaben effektiv schützen und in konkrete Handlungen umsetzen können. Es geht darum, ein persönliches System zu entwickeln, das Sie dabei unterstützt, Ihre Absichten in die Tat umzusetzen. Mit diesem System wird das Aufschieben zu einem überwindbaren Hindernis auf dem Weg zu Ihrem Erfolg.

Begleiten Sie mich auf dieser Reise, wo wir gemeinsam die Geheimnisse hinter dem Aufschieben entschlüsseln und lernen, wie wir es ein für alle Mal hinter uns lassen können. Entdecken Sie mit mir, wie Sie Ihre Ziele erreichen und das Leben führen können, das Sie sich immer erträumt haben.

In einer Welt, in der das Streben nach Erfolg und die Erfüllung persönlicher Ziele oftmals durch die Hürden des Aufschiebens und der Unentschlossenheit gebremst wird, bietet dieses Buch einen neuartigen, erfrischenden Ansatz. „Der 2 Minuten Start: Kleiner Schritt, großes Ergebnis" ist mehr als nur ein Ratgeber – es ist ein Wegweiser zu einer Lebensweise, in der das Anfangen selbst zum Schlüssel des Erfolgs wird.

Jeder von uns kennt das Gefühl, vor einer Aufgabe oder einem Projekt zu stehen und von der schieren Größe oder der vermeintlichen Schwierigkeit überwältigt zu sein. In solchen Momenten neigen wir dazu, die Handlung aufzuschieben, andere, weniger anstrengende Tätigkeiten vorzuziehen, und so verlieren wir wertvolle Zeit und Energie. Genau hier setzt „Der 2 Minuten Start" an: Es geht nicht darum, eine umfassende, detaillierte Planung oder eine perfektionistische Ausführung anzustreben, sondern um den mutigen Schritt, den Anfang zu wagen – und diesen für gerade einmal zwei Minuten gegen alle Ablenkungen zu verteidigen.

Diese zwei Minuten sind mehr als ein bloßer Zeitabschnitt; sie sind ein Symbol für den Willen, einen Vorsatz in die Tat umzusetzen. Indem wir uns auf den Beginn konzentrieren, schaffen wir es, die Barrieren des Aufschiebens und der Unlust zu überwinden. Wir nutzen die Macht der Gewohnheit, um unsere Ziele Schritt für Schritt zu erreichen. In diesem Buch erfahren Sie, wie Sie Ihren Geist darauf trainieren können, sich in diesen entscheidenden Anfangsmomenten gegen Ablenkungen zu immunisieren, sei es durch ein Mantra, einen akustischen Loop oder andere Techniken, die das Tor zu neuen Gewohnheiten und letztendlich zum Erfolg öffnen.

Anders als herkömmliche Methoden, die sich auf die Strukturierung und Organisation von Aufgaben konzentrieren, fokussiert sich „Der 2 Minuten Start" auf das essenziellste und oft vernachlässigte Element jeder Handlung: den Anfang. In den folgenden Kapiteln werden wir gemeinsam erkunden, wie dieser einfache, aber kraftvolle Ansatz Ihr Leben verändern kann, indem er Ihnen hilft, die Fesseln des Aufschiebens abzulegen und Ihre Ziele mit neuer Energie und Konsequenz zu verfolgen.

Begleiten Sie mich auf dieser Reise und entdecken Sie die transformative Kraft des „2 Minuten Starts" – Ihrer ersten Schritte in ein produktiveres, erfüllteres Leben

Warum und wie wir Aufschieben

In der heutigen Zeit, in der wir ständig von Möglichkeiten und Herausforderungen umgeben sind, scheint das Aufschieben eine allgegenwärtige Gewohnheit zu sein, die viele von uns daran hindert, unsere wahren Ziele und Vorsätze zu erreichen. Dieses Kapitel widmet sich der Frage, warum und wie wir aufschieben, und beleuchtet die psychologischen und neurologischen Mechanismen, die dahinterstehen.

Zunächst ist es wichtig zu verstehen, dass Aufschieben mehr als nur eine schlechte Angewohnheit ist; es ist ein komplexes psychologisches Verhalten, das tief in unserer Gehirnchemie und unseren emotionalen Reaktionen verwurzelt ist. In seiner Essenz ist Aufschieben das Ergebnis eines Konflikts zwischen zwei Teilen unseres Gehirns: dem präfrontalen Kortex, dem Zentrum für Planung und Entscheidungsfindung, und dem limbischen System, dem Teil des Gehirns, der für unsere unmittelbaren emotionalen Reaktionen wie Freude und Belohnung zuständig ist.

Wenn wir uns einem Ziel oder einer Aufgabe gegenübersehen, bewertet unser präfrontaler Kortex die damit verbundenen Herausforderungen und den erforderlichen Einsatz. Gleichzeitig erzeugt unser limbisches System eine sofortige emotionale Reaktion. Dieser Teil des Gehirns ist stark mit dem Dopaminsystem verbunden, einem Neurotransmitter, der Belohnungen und Vergnügen steuert. Wenn die Aufgabe als anstrengend, unangenehm oder langweilig empfunden wird, neigt das limbische System dazu, nach schnelleren und angenehmeren Alternativen zu suchen, was oft zu Ablenkungen und Aufschieben führt.

Dieses Phänomen erklärt, warum viele Menschen ihre Vorsätze – sei es fitter zu werden, mehr Sport zu treiben, ein Buch zu schreiben oder sich weiterzubilden – immer wieder aufschieben. Obwohl sie klare Ziele haben, werden die notwendigen Schritte zur Erreichung dieser Ziele oft als weniger attraktiv empfunden im Vergleich zu anderen, weniger anstrengenden Aktivitäten. Das Resultat ist ein Teufelskreis aus Vermeidung und Frustration.

Aber es gibt auch eine gute Nachricht: Mit dem richtigen Verständnis und den passenden Strategien kann dieses Muster durchbrochen werden. Eine effektive Methode besteht darin, die Aufgabe in kleinere, handhabbare Schritte zu unterteilen, was den präfrontalen Kortex unterstützt und das Gefühl der Überforderung reduziert. Dies ist der Kerngedanke des „2 Minuten Starts", bei dem es darum geht, sich zunächst für nur zwei Minuten auf den Anfang einer Aufgabe zu konzentrieren. Diese kurze

Zeitspanne ist ausreichend, um den ersten Widerstand zu überwinden und einen positiven Zyklus in Gang zu setzen.

Ein weiterer Ansatz ist die Neuinterpretation der Aufgabe. Anstatt sie als mühsam oder unangenehm zu betrachten, kann man sie als Gelegenheit zur persönlichen Entwicklung oder als Schritt in Richtung eines größeren Ziels betrachten. Diese Umdeutung kann helfen, die emotionale Reaktion des limbischen Systems zu verändern und die Aufgabe in einem positiveren Licht zu sehen.

Zusammenfassend lässt sich sagen, dass das Aufschieben zwar eine natürliche menschliche Tendenz ist, die durch unsere Gehirnchemie und emotionale Struktur bedingt ist, aber mit den richtigen Techniken und einem tieferen Verständnis für unsere psychologischen Prozesse kann es überwunden werden. Indem wir lernen, die ersten Schritte zu wagen und unsere Wahrnehmung von Aufgaben zu verändern, können wir die Ketten des Aufschiebens durchbrechen und unsere wahren Ziele erreichen.

Das Belohnungs- und Lustzentrum: Dopamin, Sucht und Konditionierung

Das Belohnungs- und Lustzentrum des menschlichen Gehirns, ein faszinierendes Netzwerk, das für Freude, Motivation und Suchtverhalten verantwortlich ist, wird maßgeblich durch den Neurotransmitter Dopamin beeinflusst. Dopamin, oft als „Glückshormon" bezeichnet, übernimmt eine Schlüsselrolle bei der Regulierung von Vergnügen und Belohnung.

Ein bemerkenswertes Experiment, das die Wirkung dieses Systems illustriert, wurde in den 1950er Jahren mit Ratten durchgeführt. In diesem Experiment hatten Ratten die Möglichkeit, durch Drücken eines Hebels eine elektrische Stimulation in einem Bereich ihres Gehirns auszulösen, der mit dem Belohnungssystem verbunden ist. Diese Ratten wählten wiederholt die Selbststimulation, sogar bis zum Punkt der Erschöpfung und Vernachlässigung von Grundbedürfnissen wie Essen und Trinken, was in einigen Fällen zum Tod führte. Dieses Experiment unterstreicht die mächtige Wirkung, die das Belohnungssystem auf das Verhalten haben kann.

In Bezug auf Suchtverhalten zeigt dieses Beispiel deutlich, wie die Überstimulation des Belohnungszentrums zu problematischen Mustern führen kann. Sucht wird oft als ein Zustand beschrieben, in dem die Suche nach Belohnung (zum Beispiel durch Drogenkonsum) dominiert und normale Aktivitäten und Bedürfnisse überschattet. Die Dopamin-Ausschüttung, die ursprünglich der Motivation und dem Überleben diente, kann in diesem Kontext dysfunktional werden und zu einem zwanghaften Verhalten führen, das die Gesundheit und das Wohlbefinden beeinträchtigt.

Ein weiterer wichtiger Aspekt in der Entstehung von Sucht ist die Konditionierung. Das Gehirn lernt schnell, Verhaltensweisen, die mit einer Dopaminfreisetzung verbunden sind, zu wiederholen – ein Prozess, der als positive Verstärkung bekannt ist. Im Kontext der Sucht wird diese Konditionierung problematisch. Die wiederholte Drogeneinnahme führt zu einer Art Lernprozess, bei dem das Gehirn die Droge als Quelle der Belohnung erkennt und zunehmend verlangt. Dies kann zu einem Verlust der Kontrolle über den Konsum und zur Entwicklung einer Abhängigkeit führen.

Interessanterweise ist nicht nur die Belohnung selbst, die Dopamin freisetzt, sondern auch die Erwartung einer Belohnung. Dies spielt eine Rolle bei der Entwicklung von Suchtverhalten, da nicht nur die Substanz selbst, sondern auch damit verbundene Hinweisreize (wie Gerüche, Orte oder soziale Kontexte) das Verlangen nach der Droge auslösen können.

Zusammenfassend zeigt das Rattenexperiment eindrucksvoll, wie mächtig das Belohnungs- und Lustzentrum in unserem Gehirn ist. Die Rolle von Dopamin in der Suchtentwicklung und die Mechanismen der Konditionierung, die zur Sucht beitragen, sind wesentliche Bereiche der Neurowissenschaft und Psychologie, die unser Verständnis von menschlichem Verhalten und psychischen Erkrankungen weiter vertiefen.

Prokrastination: Konditionierung und die Belohnung durch Erleichterung

Prokrastination, das Aufschieben von Aufgaben, ist ein weit verbreitetes Phänomen, das viele Menschen in ihrem Alltag erleben. Interessanterweise kann dieses Verhalten aus einer psychologischen Perspektive als ein durch Konditionierung verstärkter Prozess verstanden werden, der durch die erlebte Erleichterung immer wieder belohnt wird.

Zunächst ist es wichtig zu verstehen, dass Aufgaben, die als unangenehm, schwierig oder angstauslösend empfunden werden, eine Art psychischen Stress erzeugen. Wenn man sich entscheidet, diese Aufgaben aufzuschieben, erlebt man sofort eine Reduktion dieses Stresses. Diese unmittelbare Erleichterung wirkt als eine positive Verstärkung für das Aufschiebeverhalten. Mit anderen Worten: Das Gehirn lernt, dass das Aufschieben einer unangenehmen Aufgabe zu einer sofortigen Verbesserung des Wohlbefindens führt.

Diese Konditionierung ist ein zentraler Bestandteil des Aufschiebens. Jedes Mal, wenn eine Person eine Aufgabe aufschiebt und dadurch eine unmittelbare Erleichterung empfindet, verstärkt sich die neuronale Verbindung zwischen dem Aufschieben und der positiven Gefühlserfahrung. Mit der Zeit kann dies zu einem automatisierten Verhaltensmuster werden, bei dem das Aufschieben zur bevorzugten Strategie wird, um unangenehme Emotionen oder Stress zu vermeiden.

Ein weiterer Aspekt, der das Aufschieben verstärkt, ist der kurzfristige Zeithorizont. Menschen sind oft auf unmittelbare Belohnungen fokussiert und neigen dazu, langfristige Konsequenzen zu unterschätzen. Infolgedessen erscheint das Aufschieben als eine attraktive Option, da es sofortige Erleichterung bringt, auch wenn es langfristig zu mehr Stress und Problemen führen kann.

Interessanterweise kann das Aufschieben auch durch das Fehlen von klaren Fristen oder unmittelbaren Konsequenzen verstärkt werden. Wenn die negativen Auswirkungen des Aufschiebens nicht sofort spürbar sind, verringert sich der Druck, die Aufgabe sofort zu erledigen, was das Aufschiebeverhalten weiter begünstigt.

Die Konditionierung durch Prokrastination ist jedoch nicht unumkehrbar. Strategien wie das Setzen von klaren Zielen und Fristen, das Zerlegen von großen Aufgaben in kleinere, handhabbare Schritte und das Bewusstsein für die langfristigen Konsequenzen des Aufschiebens können helfen, diesen Zyklus zu durchbrechen. Darüber hinaus kann das Erlernen von Stressbewältigungstechniken und das Aufbauen von Selbstregulierungsfähigkeiten eine wichtige Rolle bei der Überwindung von Prokrastination spielen.

Zusammenfassend ist das Aufschieben von Aufgaben ein durch Konditionierung verstärktes Verhalten, das durch die unmittelbare Erleichterung, die es bietet, belohnt wird. Dieser Zyklus kann durch bewusste Anstrengungen und Verhaltensstrategien durchbrochen werden, was zu einer effektiveren Bewältigung von Aufgaben und einer Reduzierung von Stress führt.

Das Selbst in Teilen: Ein anderer Blick auf Prokrastination

Das Konzept der verschiedenen „Teile" eines Selbst ist ein faszinierender psychologischer Ansatz, der dazu dient, menschliches Verhalten und innere Konflikte besser zu verstehen. Dieses Konstrukt kann auch herangezogen werden, um das Phänomen des Aufschiebens zu erklären, indem es die verschiedenen, manchmal widersprüchlichen, inneren Stimmen und Antriebskräfte innerhalb einer Person beleuchtet.

Gemäß diesem Konzept besteht das Selbst aus mehreren Teilen oder Aspekten, die unterschiedliche Bedürfnisse, Wünsche und Motivationen repräsentieren. Diese Teile können in Konflikt miteinander geraten, insbesondere in Bezug auf Aufgaben und Verpflichtungen. Zum Beispiel könnte ein Teil des Selbst – der „motivierte Planer" – die Bedeutung und den Wert des Abschließens einer bestimmten Aufgabe erkennen. Gleichzeitig könnte ein anderer Teil – der „Vermeider" – das Bedürfnis haben, Stress und Unbehagen zu umgehen, was zu einem Aufschieben der Aufgabe führt.

Diese inneren Teile sind oft durch frühere Erfahrungen und erlernte Muster geformt. Der Vermeider zum Beispiel könnte aus Erfahrungen entstehen, in denen das Aufschieben von Aufgaben kurzfristig Erleichterung gebracht hat. Dieser Teil des Selbst sucht nach sofortiger Befriedigung – das Aufschieben wird zur bevorzugten Strategie, um Unbehagen oder Herausforderungen zu vermeiden.

Auf der anderen Seite steht der motivierte Planer, der langfristige Ziele und den Wert von Disziplin und Verantwortung repräsentiert. Dieser Teil des Selbst ist darauf ausgerichtet, Erfolg und Erfüllung durch das Erreichen von Zielen zu finden. Der Konflikt zwischen dem motivierten Planer und dem Vermeider kann zu innerem Stress führen und das Aufschieben von Aufgaben weiter verstärken.

Die Herausforderung besteht darin, ein Gleichgewicht zwischen diesen unterschiedlichen Teilen des Selbst zu finden. Bewusstsein und Selbstreflexion können dabei helfen, die verschiedenen Teile und ihre Motivationen zu erkennen und zu verstehen. Techniken wie Dialoge zwischen den Teilen oder das bewusste Anerkennen und Adressieren der Bedürfnisse jedes Teils können effektiv sein, um ein harmonischeres Zusammenspiel zu fördern und Prokrastination zu überwinden.

Das Verständnis, dass das Selbst aus verschiedenen Teilen besteht, die jeweils unterschiedliche Bedürfnisse und

Perspektiven haben, bietet einen wertvollen Rahmen für das Verständnis von Prokrastination. Es erlaubt uns, die tiefer liegenden Gründe für das Aufschieben zu erkennen und Strategien zu entwickeln, die ein ausgewogeneres, produktiveres Verhalten fördern.

Der Fahrplan zum Erfolg, warum Menschen Konzepte brauchen

In einer Welt, die von Komplexität und ständigem Wandel geprägt ist, suchen Menschen nach Orientierung und Struktur. Es ist das Bedürfnis nach einem klaren Weg, das uns dazu bringt, Konzepte für unser Handeln zu entwickeln. Diese Konzepte dienen nicht nur als Leitfaden, sondern auch als Quelle der Motivation und Inspiration.

Warum Konzepte essenziell sind

Konzepte sind wie Karten in einem unbekannten Terrain. Sie geben uns einen Überblick über das, was vor uns liegt, und helfen uns, den besten Weg zu unserem Ziel zu finden. Ohne solche Konzepte würden wir uns verirren, unsere Ressourcen verschwenden und möglicherweise nie unser wahres Potenzial entfalten.

Die Bedeutung des Fahrplans

Ein Fahrplan ist mehr als nur eine Liste von Aufgaben oder Zielen. Er ist ein dynamisches Werkzeug, das an unsere individuellen Stärken, Schwächen und Umstände angepasst ist. Ein guter Fahrplan berücksichtigt, wo wir gerade stehen, wo wir hinwollen und welche Herausforderungen wir auf dem Weg dorthin erwarten können.

Von Station zu Station: Schritte auf dem Weg zum Erfolg

Jeder Fahrplan besteht aus verschiedenen Stationen, die Etappen auf unserem Weg zum Ziel darstellen. Diese Stationen sind spezifische, erreichbare Ziele, die uns helfen, auf dem richtigen Weg zu bleiben und unsere Fortschritte zu messen.

1. Selbstbewusstsein und Selbstreflexion: Bevor wir unsere Reise beginnen, müssen wir uns selbst kennen und verstehen. Dies beinhaltet die Erkundung unserer Stärken, Schwächen und Leidenschaften.

2. Zielsetzung: Mit einem klaren Verständnis unserer selbst können wir realistische und erreichbare Ziele setzen. Diese Ziele sollten spezifisch, messbar, erreichbar, relevant und zeitgebunden sein.

3. Strategieentwicklung: Nachdem wir unsere Ziele festgelegt haben, müssen wir eine Strategie entwickeln, um sie zu erreichen. Dies kann die Identifizierung von not-

wendigen Ressourcen, die Entwicklung von Fähigkeiten oder das Aufbauen eines Netzwerks beinhalten.

4. Umsetzung und Anpassung: Auf dem Weg zu unseren Zielen werden wir auf Herausforderungen stoßen. Ein effektiver Fahrplan ermöglicht es uns, flexibel zu sein und unsere Strategien bei Bedarf anzupassen.

5. Reflexion und Wachstum: Jede erreichte Station bietet eine Gelegenheit, zurückzublicken, zu lernen und sich weiterzuentwickeln.

Schlussfolgerung

Konzepte und Fahrpläne sind wesentliche Werkzeuge auf unserem Weg zum Erfolg. Sie ermöglichen es uns, unseren Weg sinnvoll zu gestalten, Fortschritte zu messen und letztlich unsere Ziele zu erreichen. Durch die Entwicklung und Befolgung eines gut durchdachten Fahrplans können wir unser volles Potenzial entfalten und ein erfülltes und erfolgreiches Leben führen.

Die Psychologie des Anfangens: Überwindung von Prokrastination und Widerstand

Der Anfang einer Aufgabe ist oft der schwierigste Teil. Diese Herausforderung, die viele Menschen erfahren, hat tiefe Wurzeln in unserer Psychologie und unserem Verhalten. Dieses Kapitel beleuchtet, warum der Anfang oft so schwer fällt und wie die „2-Minuten-Regel" helfen kann, Prokrastination und inneren Widerstand zu überwinden.

Zunächst ist es wichtig zu verstehen, dass der Beginn einer Aufgabe oft mit Unsicherheit und dem Potenzial für Unbehagen verbunden ist. Dies kann aus verschiedenen Gründen herausfordernd sein: Angst vor dem Unbekannten, Zweifel an der eigenen Fähigkeit, die Aufgabe zu bewältigen, oder die Erwartung, dass die Aufgabe mühsam oder unangenehm sein wird. Diese Gefühle können zu einem inneren Widerstand führen, der Menschen davon abhält, überhaupt zu beginnen.

Hinzu kommt, dass Menschen von Natur aus dazu neigen, sofortige Befriedigung zu suchen. Aufgaben, die keinen unmittelbaren Nutzen oder Vergnügen versprechen, werden daher oft aufgeschoben. Dieses Phänomen ist eng mit dem Konzept der Verzögerungsaversion verbunden – der Tendenz, Aufgaben zu vermeiden, deren Belohnung erst in der Zukunft liegt.

Hier kommt die „2-Minuten-Regel" ins Spiel. Diese Regel besagt, dass man sich darauf konzentrieren sollte, eine Aufgabe nur für zwei Minuten zu beginnen. Der Kerngedanke dabei ist, dass das Anfangen oft der schwierigste Teil ist und dass das Überwinden dieser ersten Hürde das Weitermachen wesentlich erleichtert. Indem man sich selbst dazu verpflichtet, nur zwei Minuten an einer Aufgabe zu arbeiten, verringert man den psychologischen Druck und Widerstand, der mit dem Beginn einer größeren Aufgabe verbunden ist.

Die 2-Minuten-Regel wirkt durch mehrere psychologische Mechanismen. Erstens reduziert sie die Aufgabe auf ein psychologisch handhabbares Maß. Zwei Minuten erscheinen als eine machbare, nicht einschüchternde Zeitinvestition. Zweitens nutzt sie den Effekt der Trägheit zu unseren Gunsten. Sobald eine Handlung begonnen hat, neigen wir dazu, sie fortzusetzen. Der anfängliche Impuls, der durch das Einhalten der 2-Minuten-Regel geschaffen wird, kann also dazu führen, dass man länger an der Aufgabe dranbleibt, als ursprünglich geplant.

Darüber hinaus fördert die 2-Minuten-Regel ein Gefühl des Erfolgs und der Selbstwirksamkeit. Das Erreichen dieses ersten kleinen Ziels kann motivierend wirken und das Selbstvertrauen stärken, was wiederum dazu beiträgt, den Widerstand gegen zukünftige Aufgaben zu verringern.

Zusammenfassend kann gesagt werden, dass der Anfang oft der schwierigste Teil einer Aufgabe ist, hauptsächlich aufgrund von innerem Widerstand und Verzögerungsaversion. Die 2-Minuten-Regel ist ein einfaches, aber effektives Werkzeug, um diese anfänglichen Hürden zu überwinden, indem sie die Aufgabe in einen handhabbaren ersten Schritt zerlegt und die Trägheit des Handelns zu unserem Vorteil nutzt.

Die Praxis des 2-Minuten-Starts

Das Geheimnis des 2-Minuten-Starts liegt in seiner Einfachheit und seiner Fähigkeit, uns zu helfen, den ersten Schritt in Richtung unserer Ziele zu machen. Dieses Kapitel führt Sie durch die praktischen Schritte, um den 2-Minuten-Start erfolgreich umzusetzen.

1. Den Anfang festlegen

Der erste Schritt ist, genau zu definieren, was Sie in den ersten zwei Minuten tun werden. Dies sollte eine ein-

fache, klar definierte Handlung sein, die leicht zu starten ist. Zum Beispiel:
- Wenn Ihr Ziel ist, regelmäßig zu meditieren, könnte Ihr 2-Minuten-Start sein, sich an einen ruhigen Ort zu setzen und tief einzuatmen.
- Wenn Sie mehr lesen möchten, könnte Ihr 2-Minuten-Start darin bestehen, ein Buch aufzuschlagen und die erste Seite zu lesen.

2. Schriftlich festhalten

Notieren Sie Ihren 2-Minuten-Start schriftlich. Dies hilft, Ihre Absicht zu konkretisieren und gibt Ihnen einen physischen Anker, auf den Sie sich beziehen können. Schreiben Sie auf, was Sie tun werden und warum es wichtig ist. Dies stärkt Ihre Entschlossenheit und Klarheit.

3. Abschirmung der Gedanken

Die Herausforderung ist nicht nur, zu beginnen, sondern auch, sich nicht ablenken zu lassen. Hier kommt die phonologische Schleife ins Spiel – ein Teil unseres Arbeitsgedächtnisses, der uns hilft, Informationen kurzfristig zu behalten.
- Wiederholen Sie Ihren Plan für die ersten zwei Minuten in Gedanken.
- Konzentrieren Sie sich auf diesen einen Gedanken und lassen Sie ihn nicht los.

4. Ein Gedanke zur Zeit

Erinnern Sie sich daran, dass das menschliche Gehirn am besten funktioniert, wenn es sich auf eine Sache gleichzeitig konzentriert. Wenn andere Gedanken aufkommen, erkennen Sie diese an, aber kehren Sie sofort zu Ihrem ursprünglichen Gedanken zurück.

5. Die 2 Minuten durchhalten

Sobald Sie beginnen, bleiben Sie bei der Handlung für die gesamte Dauer der zwei Minuten. Selbst wenn es sich unbedeutend anfühlt, ist es der Prozess des Durchhaltens, der zählt.

Schlussfolgerung

Der 2-Minuten-Start ist ein mächtiges Werkzeug, um Trägheit zu überwinden und positive Gewohnheiten zu entwickeln. Indem Sie Ihre Handlungen klar definieren, sie schriftlich festhalten und Ihre Gedanken auf das Hier und Jetzt konzentrieren, können Sie Ihre Produktivität und Ihr Wohlbefinden steigern. Erinnern Sie sich, dass jeder große Wandel mit einem kleinen Schritt beginnt, und der 2-Minuten-Start ist genau dieser Schritt.

Gewohnheiten neu gestalten – Der Schlüssel zu einem neuen Leben

Was ist eine Gewohnheit?

Eine Gewohnheit ist eine regelmäßig wiederholte Handlung oder Verhaltensweise, die oft unbewusst erfolgt. Sie entwickelt sich durch wiederholte Ausführung und wird schließlich zu einer automatischen Reaktion, die wenig bis keine bewusste Anstrengung erfordert.

Die Energieersparnis durch Gewohnheiten

Der Mensch ist ein Gewohnheitstier. Gewohnheiten sparen uns viel Energie und kognitive Ressourcen. Wenn eine Handlung zur Gewohnheit wird, übernimmt das Gehirn automatisch, wodurch weniger mentale Anstrengung für die Entscheidungsfindung benötigt wird. Dies ist besonders nützlich, da unser Gehirn bei ständiger Entscheidungsfindung und Neubewertung von Situationen schnell ermüdet.

Der 2-Minuten-Start als Werkzeug zur Gewohnheitsbildung

Der 2-Minuten-Start ist ein einfaches, aber mächtiges Werkzeug, um neue Gewohnheiten zu etablieren. Der Schlüssel liegt darin, den Beginn einer gewünschten Gewohnheit so einfach wie möglich zu gestalten. Indem man sich darauf konzentriert, nur die ersten zwei Minuten einer Handlung auszuführen, verringert man den Widerstand und erleichtert den Einstieg in eine neue Routine.

Schrittweise Integration neuer Gewohnheiten

Mit dem 2-Minuten-Start können Sie allmählich eine Reihe neuer Gewohnheiten etablieren. Beginnen Sie mit einer kleinen, machbaren Handlung und steigern Sie diese schrittweise. Zum Beispiel:

1. Gesundheit: Starten Sie mit zwei Minuten Dehnübungen am Morgen, um eine regelmäßige Fitnessroutine zu entwickeln.
2. Bildung: Lesen Sie zwei Minuten lang ein Buch, um die Gewohnheit des täglichen Lesens zu fördern.
3. Achtsamkeit: Verbringen Sie zwei Minuten in Stille, um einen meditativen Zustand zu fördern.

Die Summe der Gewohnheiten und der Charakter

Jede kleine Gewohnheit trägt zu einem größeren Bild bei. Die Summe Ihrer Gewohnheiten spiegelt Ihren Charakter wider und prägt, wer Sie sind und wie Sie von anderen wahrgenommen werden. Indem Sie bewusst positive

Gewohnheiten entwickeln, gestalten Sie aktiv Ihren Charakter und damit Ihr Leben um.

Ein neues Leben durch bewusste Gewohnheitsbildung

Durch die Anwendung des 2-Minuten-Starts in verschiedenen Lebensbereichen können Sie eine transformative Veränderung in Ihrem Leben herbeiführen. Dieser Ansatz ermöglicht es Ihnen, schrittweise und ohne Überforderung neue, positive Verhaltensweisen zu kultivieren, die letztendlich zu tiefgreifenden Veränderungen in Ihrem Charakter und Lebensstil führen.

Schlussfolgerung

Gewohnheiten sind mächtige Werkzeuge zur Selbstgestaltung. Mit der Strategie des 2-Minuten-Starts haben Sie eine einfache, aber effektive Methode, um Ihr Leben positiv zu verändern. Erinnern Sie sich daran, dass jede große Reise mit einem kleinen Schritt beginnt – und Ihr erster Schritt könnte gerade einmal zwei Minuten dauern.

Die Magie des 2-Minuten-Starts

In einer Welt, in der wir ständig von Ablenkungen umgeben sind, kann es schwierig sein, sich auf unsere Ziele und Aufgaben zu konzentrieren. Hier kommt die „2-Minuten-Start"-Regel ins Spiel, eine einfache, aber kraftvolle Methode, um den ersten Schritt zu machen und in den Fluss einer Aktivität zu kommen.

Der Ursprung der 2-Minuten-Regel

Die 2-Minuten-Regel basiert auf einem psychologischen Prinzip, das als „Trägheit des Geistes" bekannt ist. Genau wie ein schwerer Gegenstand mehr Anstrengung benötigt, um in Bewegung zu kommen, benötigt unser Geist einen Anstoß, um mit einer neuen Aufgabe zu beginnen. Doch sobald dieser Anfang gemacht ist, ist es viel einfacher, in Schwung zu bleiben.

Warum gerade zwei Minuten?

Zwei Minuten sind kurz genug, um nicht einschüchternd zu wirken. Es ist schwer, einen Grund zu finden, nicht einmal zwei Minuten für etwas zu investieren, selbst an unseren beschäftigsten oder faulsten Tagen. Diese kurze

Zeitperiode ist aber lang genug, um den ersten Schritt zu machen. Und oft ist der erste Schritt der schwierigste Teil.

Der Prozess

Stellen Sie sich vor, Sie haben sich vorgenommen, täglich zu joggen, aber finden immer eine Ausrede, es nicht zu tun. Anstatt sich vorzunehmen, eine halbe Stunde zu laufen, sagen Sie sich: „Ich ziehe meine Laufschuhe an und gehe zwei Minuten nach draußen." In den meisten Fällen werden Sie feststellen, dass Sie, sobald Sie draußen sind und angefangen haben, viel eher geneigt sind, weiterzumachen.

Die Rolle der menschlichen Trägheit

Sobald wir eine Aktivität begonnen haben, wirkt die Trägheit in unserem Vorteil. Es bedarf einer bewussten Anstrengung, eine begonnene Handlung abzubrechen. Daher ist es wahrscheinlicher, dass wir weitermachen, sobald wir erst einmal angefangen haben.

Anwendung in verschiedenen Lebensbereichen

Diese Regel lässt sich auf fast jeden Bereich anwenden: von kreativen Aktivitäten wie dem Schreiben eines Buches über das Erledigen von Hausarbeiten bis hin zu Fitnesszielen. Der Schlüssel liegt darin, die initiale Hürde zu überwinden und den Prozess in Gang zu setzen.

Die 2-Minuten-Start-Regel ist ein einfaches, aber mächtiges Werkzeug, um der menschlichen Neigung zur Aufschieberitis entgegenzuwirken. Indem wir uns erlauben, mit kleinen, machbaren Schritten zu beginnen, können wir die Trägheit unseres Geistes überwinden und den Weg zu größeren Erfolgen ebnen.

Die Macht des Sofort

Als die Morgensonne durch das Fenster brach, erwachte Lena mit einem Gefühl der Entschlossenheit. Heute war der Tag, an dem sie endlich ihren Traum in die Tat umsetzen wollte: den Beginn ihres eigenen Unternehmens. Die Idee hatte sie schon lange, doch immer wieder hatte sie den ersten Schritt aufgeschoben. „Morgen", sagte sie sich immer wieder, aber morgen wurde schnell zu nächster Woche, nächster Monat, nächstes Jahr.

Doch heute war anders. Heute hatte sie sich fest vorgenommen, keine Ausreden mehr zu finden. Sie erinnerte sich an ein Zitat, das sie kürzlich gelesen hatte: „Der beste Zeitpunkt, um anzufangen, war immer schon jetzt." Diese

Worte hallten in ihrem Kopf nach, als sie aus dem Bett stieg.

Das Frühstück war schnell erledigt, und sie setzte sich an ihren Schreibtisch. Der leere Bildschirm ihres Laptops starrte sie an, fast als fordere er sie heraus. Lena spürte, wie die vertraute Angst, zu scheitern, in ihr hochkroch. Es wäre so einfach, das Ganze auf morgen zu verschieben...

Doch dann dachte sie an die „Macht des Sofort". Sie hatte gelesen, dass der schwierigste Teil jedes Projekts der Anfang ist. Das Aufschieben beginnt oft genau dort – beim ersten Schritt. Indem man den Anfang hinauszögert, verhindert man letztendlich, überhaupt zu handeln. Lena wusste, dass, wenn sie jetzt nicht anfing, sie es vielleicht nie tun würde.

Mit einem tiefen Atemzug überwand sie ihre Zweifel und begann zu tippen. Die ersten Worte waren holprig, und ihre Ideen schienen anfangs nicht zu fließen. Doch sie blieb dran. Minute um Minute, Satz für Satz, fing ihre Vision an, Form anzunehmen. Mit jedem Wort, das sie schrieb, wuchs ihr Selbstvertrauen.

Nach zwei Stunden ununterbrochenen Arbeitens lehnte sie sich zurück und betrachtete, was sie geschaffen hatte. Es war noch nicht perfekt, aber es war ein Anfang. Ein Anfang, der ohne die „Macht des Sofort" nie zustande gekommen wäre. Lena lächelte, wissend, dass sie den wichtigsten Schritt bereits gemacht hatte.

Der Anfang ist Alles

Stellen Sie sich vor, Sie stehen an der Schwelle eines neuen Projektes, einer neuen Aufgabe oder eines neuen Ziels. Der erste Schritt scheint oft der schwierigste zu sein, nicht wahr? Hier kommt die „Macht des Sofort" ins Spiel. Es ist eine einfache, aber transformative Idee: Beginnen Sie sofort, sobald der Termin oder der Kontext eintritt. Warten Sie nicht auf den perfekten Moment; dieser Moment ist jetzt.

Das Aufschieben erkennen und bekämpfen
Aufschieben beginnt oft mit dem Hinauszögern des Anfangs. Wir sagen uns, dass wir noch nicht bereit sind, dass wir mehr Vorbereitungszeit brauchen, oder dass der perfekte Moment noch nicht gekommen ist. Doch in Wahrheit ist dies oft nur eine Maske der Angst – Angst vor dem Unbekannten, Angst vor dem Scheitern oder sogar Angst vor dem Erfolg.

Durch das sofortige Handeln entmachten wir diese Ängste. Wir erkennen, dass der Anfang nicht perfekt sein muss. Es geht vielmehr darum, überhaupt zu beginnen. Jeder kleine Schritt, den wir tun, ist ein Sieg über die Trägheit des Aufschiebens.

Die Psychologie des Sofort
Warum ist sofortiges Handeln so mächtig? Es liegt an der Art und Weise, wie unser Gehirn funktioniert. Wenn wir eine Aufgabe sofort beginnen, senden wir ein starkes Signal an unser Gehirn, dass diese Aufgabe wichtig ist. Dies hilft, die mentale Barriere zu überwinden, die oft zwischen uns und unserer Aufgabe steht.

Zudem schafft der sofortige Beginn ein Gefühl der Dringlichkeit und des Engagements. Es erzeugt einen positiven Feedbackkreislauf: Je mehr wir handeln, desto mehr wollen wir handeln. Dieser Prozess baut Momentum auf, das uns durch die Herausforderungen und Schwierigkeiten trägt.

Praktische Schritte zum sofortigen Start
Kleine Schritte definieren: Zerlegen Sie Ihre Aufgabe in kleinere, handhabbare Schritte. Der erste Schritt sollte so klein sein, dass er fast lächerlich einfach erscheint.

Visualisierung des Erfolgs: Stellen Sie sich vor, wie es sich anfühlt, wenn Sie mit Ihrer Aufgabe beginnen.

Visualisieren Sie den Erfolg, den das sofortige Handeln mit sich bringen wird.

Umgang mit Widerstand: Akzeptieren Sie, dass Widerstand normal ist. Erkennen Sie ihn an, aber lassen Sie ihn nicht herrschen. Denken Sie an das größere Bild und den langfristigen Nutzen.

Belohnungssystem: Setzen Sie sich kleine Belohnungen für das Erreichen von Zwischenzielen. Dies stärkt Ihre Motivation.

Kontinuierliches Feedback: Suchen Sie Feedback von vertrauenswürdigen Personen, die Ihre Fortschritte anerkennen und Sie ermutigen, weiterzumachen.

Fazit

Die „Macht des Sofort" ist mehr als nur ein Konzept; es ist eine Lebensweise. Indem wir den Aufschub überwinden und sofort handeln, entfesseln wir unser volles Potenzial und öffnen die Tür zu unbegrenzten Möglichkeiten. Lassen Sie uns also den ersten Schritt tun, jetzt gleich, in diesem Moment. Denn wie ein altes Sprichwort sagt: „Der beste Zeitpunkt, um zu beginnen, war gestern. Der zweitbeste Zeitpunkt ist jetzt."

Die Macht der Konzentration

In der Stille seines Arbeitszimmers, abgeschirmt von der Außenwelt, saß Jonas vor einem Berg von Notizen und Büchern. Er wusste, dass er nur einen begrenzten Zeitraum hatte, um sich diesem wichtigen Projekt zu widmen. In einer Welt voller ständiger Ablenkungen war dies keine leichte Aufgabe.

Die Macht der Konzentration war für Jonas nicht nur ein nützliches Werkzeug, sondern eine Lebensnotwendigkeit. Er lebte in einer Zeit, in der die Anzahl der Ablenkungen und Möglichkeiten größer war als je zuvor. Überall lockten digitale Geräte mit ihren endlosen Benachrichtigungen und Verlockungen, die Aufmerksamkeit von den eigentlichen Zielen abzuziehen.

Jonas hatte gelernt, dass der Schlüssel zum Erfolg darin lag, seinen inneren Fokus zu schärfen und seine Umgebung gegen Störungen abzuschirmen. Er hatte seinen Arbeitsbereich so gestaltet, dass er minimale Ablenkungen bot. Kein Handy, keine offenen Tabs im Browser, die nicht direkt mit der Arbeit zu tun hatten. Jedes Element in seinem Raum war darauf ausgerichtet, Konzentration zu fördern.

Das war jedoch nur ein Teil der Herausforderung. Die größere Schlacht wurde in seinem Kopf ausgefochten. Der ständige Kampf gegen den Impuls der sofortigen Befriedigung war ein täglicher Kampf. Jonas wusste, dass jeder Moment, in dem er diesem Impuls nachgab, ihn von seinem Endziel entfernte.

Er praktizierte Techniken der Achtsamkeit, um seine Gedanken zu zentrieren. Jedes Mal, wenn er spürte, wie seine Aufmerksamkeit abdriftete, nahm er sich einen Moment Zeit, um tief durchzuatmen und sich wieder auf seine Aufgabe zu konzentrieren. Es war ein Prozess des ständigen Zurückbringens, eine Übung in geistiger Disziplin.

Jonas erkannte, dass die wahre Macht der Konzentration in der Fähigkeit lag, Herr über seine eigenen Gedanken und Handlungen zu sein. In einer Welt, die ständig versuchte, ihn in verschiedene Richtungen zu ziehen, war es seine Konzentration, die ihm erlaubte, seinen Kurs zu halten.

Mit jedem Tag, an dem er seine Projekte vorantrieb, spürte Jonas, wie seine Fähigkeit zur Konzentration stärker wurde. Er lernte, seine Energie gezielt einzusetzen und nicht von kurzfristigen Vergnügungen ablenken zu lassen. Das war der wahre Schlüssel zum Erreichen seiner Ziele.

Als Jonas an diesem Tag seine Arbeit beendete, fühlte er sich nicht nur wegen des Fortschritts an seinem Projekt erfüllt, sondern auch wegen des Wissens, dass er seine innere Stärke weiter entwickelt hatte. Die Macht der Konzentration war mehr als nur ein Mittel zum Zweck; sie war ein Weg, um Kontrolle über sein Leben zu gewinnen und seine Träume in die Realität umzusetzen.

Ihren Persönlichen 2-Minuten-Start Festlegen

Das Konzept des 2-Minuten-Starts ist eine einfache, aber transformative Methode, um Ihre Ziele zu erreichen. In diesem Kapitel werden wir uns darauf konzentrieren, wie Sie Ihren persönlichen 2-Minuten-Start definieren können, der auf Ihre individuellen Ziele und Vorlieben zugeschnitten ist.

Verstehen Sie Ihr Ziel

Bevor Sie Ihren 2-Minuten-Start festlegen, ist es wichtig, klar zu definieren, was Sie erreichen möchten. Ob es sich um Fitnessziele, Schreibprojekte oder das Organisieren Ihres Lebensraums handelt, ein klares Verständnis Ihres Ziels ist der Schlüssel.

Den 2-Minuten-Start Anpassen

Der 2-Minuten-Start sollte so gestaltet sein, dass er spezifisch, machbar und direkt auf Ihr Ziel ausgerichtet ist. Hier sind einige Beispiele, wie Sie den 2-Minuten-Start für verschiedene Ziele anwenden können:

Laufen
Ziel: Regelmäßig joggen gehen.
2-Minuten-Start: Ziehen Sie Ihre Laufschuhe an und gehen Sie vor die Tür. Selbst wenn Sie sich nur zwei Minuten lang aufwärmen oder um den Block gehen, haben Sie den ersten Schritt gemacht.

Schreiben
Ziel: Täglich an Ihrem Buch arbeiten.
2-Minuten-Start: Öffnen Sie Ihr Schreibprogramm und schreiben Sie die ersten paar Sätze. Auch wenn Sie nur ein paar Gedanken festhalten, haben Sie den Schreibprozess bereits in Gang gesetzt.

Aufräumen
Ziel: Ein ordentlicheres Zuhause.
2-Minuten-Start: Wählen Sie einen kleinen Bereich, wie z.B. Ihren Schreibtisch, und räumen Sie für zwei Minuten auf. Dies kann so einfach sein wie das Sortieren von Papieren oder das Wegwerfen von nicht mehr benötigten Gegenständen.

Den Erfolg Messen

Nachdem Sie Ihren 2-Minuten-Start definiert haben, ist es wichtig, Ihren Fortschritt zu verfolgen. Notieren Sie, wie oft Sie Ihren 2-Minuten-Start umsetzen und wie sich dies auf Ihre Motivation und Ihr Ziel auswirkt.

Flexibilität und Anpassung

Seien Sie bereit, Ihren 2-Minuten-Start anzupassen, wenn sich Ihre Ziele oder Umstände ändern. Die Flexibilität, Ihren Ansatz zu ändern, ist ein wichtiger Bestandteil des Erfolgs.

Fazit

Indem Sie einen persönlichen 2-Minuten-Start für Ihre Ziele festlegen, nutzen Sie die Kraft der kleinen Schritte, um große Veränderungen zu bewirken. Es geht nicht darum, sofort große Erfolge zu erzielen, sondern darum, den Prozess zu beginnen und die Trägheit zu überwinden, die uns oft daran hindert, anzufangen.

Erfolgskontrolle und Motivation bei der 2-Minuten-Start-Regel

Wenn Sie die 2-Minuten-Start-Regel in Ihr Leben integrieren, ist es wichtig, Ihren Fortschritt zu überwachen und sich für Ihre Bemühungen zu belohnen. Dieses Kapitel befasst sich mit effektiven Methoden der Erfolgskontrolle und der Bedeutung von Belohnungen als Motivationsfaktor.

Die Rolle von Habit Trackern

Ein Habit Tracker ist ein einfaches, aber mächtiges Werkzeug, um Ihre Fortschritte zu überwachen. Es kann so einfach sein wie eine Checkliste in Ihrem Tagebuch oder eine spezialisierte App auf Ihrem Smartphone. Indem Sie jeden Tag, an dem Sie die 23-Minuten-Regel anwenden, markieren, schaffen Sie eine visuelle Darstellung Ihres Fortschritts.

Vorteile eines Habit Trackers:
- Sichtbarkeit: Sie sehen auf einen Blick, wie konsequent Sie sind.
- Verantwortlichkeit: Das Festhalten Ihrer Bemühungen erhöht die Verantwortung gegenüber sich selbst.

- Motivation: Eine Serie von erfolgreichen Tagen zu sehen, kann sehr motivierend sein.

Die Bedeutung von Belohnungen

Belohnungen spielen eine wichtige Rolle bei der Aufrechterhaltung der Motivation. Wenn Sie einen Meilenstein erreichen, gönnen Sie sich etwas, das Sie wirklich genießen. Dies könnte so einfach sein wie eine Tasse Ihres Lieblingstees nach einer erfolgreichen 23-Minuten-Session oder etwas Größeres, wie ein Abendessen in Ihrem Lieblingsrestaurant nach einer Woche durchgängiger Erfolge.

Tipps für effektive Belohnungen:
- Seien Sie spezifisch: Legen Sie fest, welche Belohnung Sie für welche Leistung erhalten.
- Seien Sie realistisch: Wählen Sie Belohnungen, die nachhaltig und umsetzbar sind.
- Seien Sie zeitnah: Belohnen Sie sich bald nach Erreichen Ihres Ziels, um die positive Assoziation zu verstärken.

Die Wichtigkeit des Dranbleibens

Konsistenz ist der Schlüssel zum Erfolg bei der 2-Minuten-Start-Regel. Es geht darum, eine Routine zu entwickeln und auch an schwierigen Tagen dabei zu bleiben. Selbst wenn Sie einmal einen Tag verpassen, ist es wichtig, schnell wieder auf den richtigen Weg zurückzukehren.

Strategien zum Dranbleiben:
- Setzen Sie realistische Ziele: Überfordern Sie sich nicht; beginnen Sie mit erreichbaren Zielen.
- Erinnern Sie sich an Ihre Gründe: Halten Sie fest, warum Sie mit der 2-Minuten-Regel begonnen haben, und erinnern Sie sich daran, wenn Sie die Motivation verlieren.
- Suchen Sie Unterstützung: Teilen Sie Ihre Ziele und Fortschritte mit Freunden oder einer Community, um zusätzliche Motivation und Unterstützung zu erhalten.

Fazit

Die Kombination aus effektiver Erfolgskontrolle mit einem Habit Tracker, dem gezielten Einsatz von Belohnungen und dem Fokus auf die Konsistenz bildet das Fundament für den langfristigen Erfolg mit der 23-Minu-ten-Start-Regel. Indem Sie diese Elemente in Ihren Alltag integrieren, schaffen Sie eine starke Basis für persönliches Wachstum und das Erreichen Ihrer Ziele.

In der Spur bleiben

Es war ein klarer, sonniger Tag, und Max saß an seinem Schreibtisch, umgeben von Stapeln unerledigter Arbeit. Sein Blick glitt immer wieder zur Fensterscheibe, wo die Sonnenstrahlen lockend tanzten. Doch er wusste, dass er sich konzentrieren musste. Heute war der Tag, an dem er dieses wichtige Projekt endlich abschließen wollte.

Max erinnerte sich an die Worte seines Mentors: „Es ist nicht die Kunst, niemals abzuschweifen, sondern die Fähigkeit, schnell wieder in die Spur zu finden." Diese Worte hatten ihn schon oft inspiriert. Er wusste, dass Ablenkungen unvermeidlich waren, aber der wahre Test seines Willens war, wie schnell er sich wieder fangen konnte.

Als sein Handy vibrierte, spürte Max den Impuls, es zu überprüfen. Vielleicht war es etwas Wichtiges. Doch dann hielt er inne. Er erkannte, dass dies genau die Art von Ablenkung war, vor der sein Mentor ihn gewarnt hatte. Mit einem entschlossenen Seufzer schob er das Handy beiseite. „Nicht jetzt", murmelte er.

Stattdessen konzentrierte er sich auf seine Arbeit. Er begann, sich durch die Aufgaben zu arbeiten, eine nach der anderen. Jedes Mal, wenn seine Gedanken abschweiften, erinnerte er sich daran, wie wichtig es war, dranzubleiben. Es war wie ein innerer Kampf zwischen dem Wunsch nach sofortiger Befriedigung und dem Streben nach langfristigem Erfolg.

Stunden vergingen, und Max bemerkte, dass er immer effizienter wurde. Er fand einen Rhythmus, eine „Spur", in der seine Gedanken und Handlungen nahtlos ineinander übergingen. Er hatte gelernt, die kleinen Ablenkungen zu erkennen und sie schnell hinter sich zu lassen.

Als der Abend hereinbrach, lehnte sich Max zurück und betrachtete das Werk des Tages. Er hatte mehr erreicht, als er für möglich gehalten hatte. Es war das Ergebnis seiner Fähigkeit, in der Spur zu bleiben, seiner Disziplin, sich nicht von den kleinen Dingen des Alltags ablenken zu lassen.

In diesem Moment verstand Max die wahre Macht des Dranbleibens. Es war nicht nur ein Weg, um Aufgaben zu erledigen, sondern auch ein Mittel, um innere Stärke und Entschlossenheit zu kultivieren. Er wusste jetzt, dass er, egal welche Herausforderungen oder Ablenkungen auf ihn zukommen würden, immer die Kraft finden würde, zurück in seine Spur zu finden und seinen Weg fortzusetzen.

Beginnen Sie Ihre Reise zum Erfolg

Während wir das Ende dieses Buches erreichen, ist es wichtig, sich daran zu erinnern, dass Ihre Reise gerade erst beginnt. Die 2-Minuten-Start-Regel ist nicht nur eine Methode, sondern ein Wegweiser zu einem produktiveren, erfüllteren Leben. Lassen Sie uns die Kernpunkte noch einmal Revue passieren und überlegen, wie Sie diese Erkenntnisse in Ihrem eigenen Leben anwenden können.

Die Kernpunkte der 2-Minuten-Regel

1. Der Erste Schritt: Der schwierigste Teil bei jeder Aufgabe ist oft der Anfang. Indem Sie sich auf nur zwei Minuten konzentrieren, überwinden Sie die anfängliche Trägheit und setzen den Prozess in Gang.

2. Kleine Schritte, Große Wirkung: Jeder große Erfolg beginnt mit kleinen Schritten. Diese Regel hilft Ihnen, kleine, aber bedeutsame Fortschritte zu machen, die sich mit der Zeit summieren.

3. Anpassungsfähigkeit: Die 2-Minuten-Regel ist flexibel und kann auf nahezu jedes Ziel oder jede Gewohnheit angewendet werden, sei es im Berufsleben, in der persönlichen Gesundheit oder im kreativen Ausdruck.

4. Die Kraft der Gewohnheit: Regelmäßige Anwendung der 2-Minuten-Regel führt zur Bildung von Gewohnheiten, die eine nachhaltige Veränderung ermöglichen.

Beginnen Sie Ihre Persönliche Erfolgsgeschichte

Jetzt ist der Moment gekommen, in dem Sie Ihren eigenen Weg zum Erfolg beschreiten. Wählen Sie ein Ziel, das Ihnen am Herzen liegt, und beginnen Sie mit nur zwei Minuten täglich. Erinnern Sie sich daran, dass jeder Fortschritt, egal wie klein, ein Schritt in die richtige Richtung ist.

Ermutigung und Inspiration

Denken Sie daran, dass jede Reise einzigartig ist. Vergleichen Sie Ihren Weg nicht mit dem anderer; konzentrieren Sie sich auf Ihre eigenen Fortschritte und Erfolge. Erlauben Sie sich, stolz auf jeden Schritt zu sein, den Sie machen, und seien Sie geduldig mit sich selbst.

Ihre Geschichte schreiben

Ihr Leben ist eine Geschichte, die nur Sie schreiben können. Jeder Tag bietet eine neue Seite, auf der Sie Ihre Ziele, Träume und Erfolge festhalten können. Nutzen Sie die 2-Minuten-Regel, um diese Seiten mit Taten, Lernmomenten und persönlichem Wachstum zu füllen.

Schlusswort

Wenn Sie dieses Buch schließen, öffnet sich eine Tür zu neuen Möglichkeiten. Nehmen Sie die 2-Minuten-Regel als Ihren treuen Begleiter auf Ihrem Weg zum Erfolg. Glauben Sie an sich selbst, bleiben Sie dran und erinnern Sie sich: Auch der längste Weg beginnt mit einem kleinen Schritt.